Sonntagsbraten ohne Schnickschnack

EDITION XXL

Inhalt

Vorwort

Fast jeder von uns kennt es aus seiner Kindheit: Das heimelige Gefühl, wenn uns am Sonntagmittag der Duft eines Bratens in die Nase stieg. Der Sonntag war ein besonderer Tag und erforderte auch ein besonderes Stück Fleisch, das dann im Kreise der Familie verzehrt wurde. Ein Fest für Auge und Gaumen – und ein soziales Ereignis.

Diese Tradition veränderte sich im Laufe der Zeit: Das sonntägliche Mittagessen galt bald als überholt und wurde häufig durch den in Mode gekommenen Brunch ersetzt. Doch mittlerweile besinnt man sich wieder verstärkt auf Rituale und Gewohnheiten, die in unseren hastigen Alltag ein wenig Ruhe und Besinnlichkeit bringen.

So erlebt auch der gute alte Sonntagsbraten eine Renaissance, denn er befriedigt nicht nur unsere kulinarischen Bedürfnisse. Auch unserem Streben nach nachhaltiger und gesunder Ernährung kommt es entgegen, wenn wir nur zu besonderen Gelegenheiten, dafür aber qualitativ gutes Fleisch essen.

Um Ihnen die Rückkehr zum bewusst zelebrierten Sonntagsbraten schmackhaft zu machen, habe ich in diesem Kochbuch die schönsten Rezepte aus Großmutters Küche zusammengestellt. Die Gerichte sind einfach und ohne großen Aufwand zu kochen und enthalten keine exotischen Zutaten – eben ganz ohne Schnickschnack!

Laden Sie Familie und Freunde mal wieder zu einem gemeinsamen Essen ein und genießen Sie das Zusammensein … Vielleicht schon am nächsten Sonntag?

Viel Freude beim Kochen und Genießen wünscht Ihnen

Ihre Elisabeth Bangert

Ratgeber

Damit der Sonntagsbraten auch wirklich gelingt, ist es wichtig, schon beim Einkauf auf einige Punkte zu achten: Grundsätzlich ist es ratsam, Fleisch beim Metzger zu kaufen. Dort werden Sie nicht nur von Fachpersonal beraten, auch Vorbereitungsschritte, wie z.B. das Entfernen von Sehnen oder das Einschneiden von Schwarten, werden Ihnen hier abgenommen. Achten Sie auch darauf, dass das Fleisch möglichst aus artgerechter und regionaler Haltung stammt. Denken Sie daran, den Braten ca. 1 Stunde vor der Zubereitung aus dem Kühlschrank zu nehmen und bei Zimmertemperatur zu lagern: Das Fleisch gart dann gleichmäßiger und es besteht nicht die Gefahr, dass es außen schon dunkel wird und innen noch kalt ist.

Schwein

Schweinefleisch ist hell- bis zartrosa.

Schweinebraten (Schulter, Oberschale) – Beim Schweinekrustenbraten kann man die Schwarte schon beim Metzger einschneiden lassen.

Schweinefilet (Lende) – An der Seite des Filets verläuft ein Strang aus Sehnen und Fett, die sogenannte Kette. Ob man die Kette entfernt oder nicht, hängt davon ab, wie mager das Filet sein soll.

Schweinerollbraten (Nacken, Kamm) – Kann beim Metzger als Rollbraten gebunden werden.

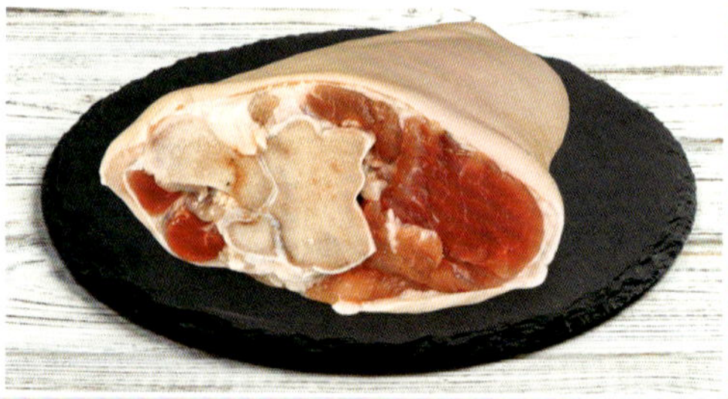

Eisbein (Vorder- oder Hinterhaxe) – Die Vorderhaxe hat einen höheren Knochen- und die Hinterhaxe einen höheren Fleischanteil.

Dicke Rippe (Brustspitze) – Das Fleisch ist grobfaserig und hat einen hohen Fettanteil.

Schäufele (flache Schweineschulter) – Das Fränkische Schäufele wird roh, das Badische gepökelt und geräuchert verwendet.

Rind

Rindfleisch ist kräftig rot.

Rinderbraten (Keule, Bug, Ober-/Unterschale) – Gut marmorierte Stücke sind zarter und saftiger.

Roastbeef (Zwischenrippenstück) – Das Fleisch ist dunkelrot und leicht marmoriert.

Lamm

Lammrücken (Rücken, Schulter) – Lammfleisch stammt von Tieren, die maximal ein Jahr alt sind.

Kalb

Kalbfleisch hat eine feine Faserstruktur und ist besonders mild im Geschmack.

Falsches Filet (Schulter, Bug) – Je dunkler das Fleisch, desto hochwertiger ist es. Denn bei schlechter Fütterung enthält es zu viel Wasser und wird dadurch heller.

Geflügel

Putenbrust (Brust) – Putenfleisch ist sehr mager und fettarm.

Wild

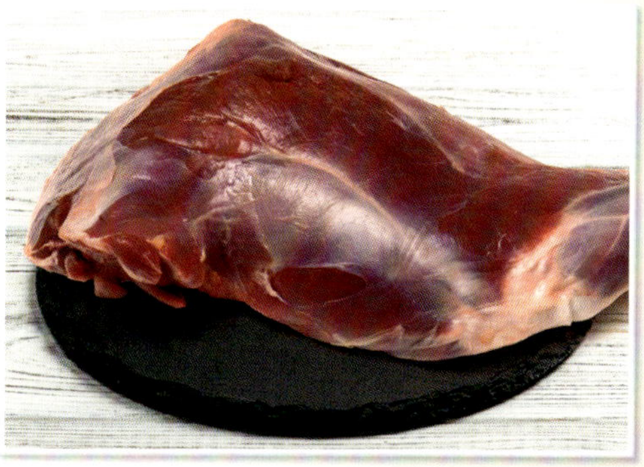

Rehfleisch (Keule) – Das Fleisch ist sehr fettarm, zart und weniger intensiv im Geschmack als anderes Wild.

Schweineschulter-Braten
mit Karotten und Lauch

120 Minuten

Zutaten:
(für 4 Personen)

800 g Schweineschulter (ohne Knochen und Schwarte)
2 EL Öl
700 g Lauch
100 g Sellerie
250 g Karotten
250 ml Gemüsebrühe
2 EL Zitronensaft
1 TL Zucker
½ TL getrockneter Oregano
1 EL Speisestärke
Salz, Pfeffer

Zubereitung:

1. Das Fleisch der Länge nach mit Küchengarn in Form binden (oder vom Metzger binden lassen) und mit Salz und Pfeffer einreiben. Das Öl in einem großen Bratentopf erhitzen und das Fleisch bei starker Hitze rundherum anbraten.

2. Den Lauch putzen, waschen und in Ringe schneiden. Den Sellerie schälen und in kleine Würfelchen schneiden. Die Karotten putzen, waschen, schälen und in Scheiben schneiden.

3. Den Braten aus dem Topf nehmen. Den Lauch, die Karotten und den Sellerie hineingeben und alles 1 Minute anbraten.

4. Den Braten auf das Gemüse legen, die Gemüsebrühe, den Zitronensaft, den Zucker und den Oregano dazugeben und zugedeckt bei schwacher Hitze 80–90 Minuten schmoren.

5. Den Braten und das Gemüse aus dem Topf nehmen und warm stellen. Den Bratenfond mit 200 ml Wasser auffüllen. Die Speisestärke mit etwas Wasser anrühren, in die Soße geben und unter Rühren kurz aufkochen lassen. Mit Salz und Pfeffer würzen.

6. Den Braten in Scheiben schneiden und zusammen mit dem Gemüse und der Soße servieren. Am besten passen dazu Salzkartoffeln.

Die Soße können Sie statt mit Speisestärke auch mit einem Päckchen Soße zu Schweinebraten (z. B. von Knorr) anrühren.

Tipp:

Dieser Braten ist ein echter Klassiker und kann auch gut mit Rotkohl und Kartoffelklößen kombiniert werden.

Tipp:

Dieser Braten eignet sich sehr gut zum Garen bei Niedrigtemperatur: Den Backofen auf 100 °C Ober- und Unterhitze einstellen und den Braten im unteren Drittel des Ofens ca. 6 Stunden garen, bis die Kerntemperatur ca. 65 °C erreicht hat (mit Bratenthermometer messen). Fügen Sie in diesem Fall die Karotten und die Kartoffeln ca. 2 Stunden vor Garende hinzu.

Krustenbraten
mit Karotten und Kartoffeln

160 Minuten

Zutaten:
(für 6 Personen)

2 kg Schweinebraten
2 Zwiebeln
700 g Karotten
Pflanzenöl
500 ml Fleischbrühe
2 EL Speisestärke
Salz, Pfeffer

Zubereitung:

1. Den Braten mit der Schwarte nach unten in eine Pfanne legen und so viel Wasser einfüllen, dass nur die Schwarte im Wasser liegt. Ca. 20 Minuten kochen, damit die Schwarte weich wird und sich leichter einritzen lässt. Dann mit einem scharfen Messer oder mit einem Cutter gitterartig einritzen und mit Salz und Pfeffer würzen.

2. Den Backofen auf 160 °C Ober- und Unterhitze vorheizen. In einem Bräter etwas Öl erhitzen und das Fleisch von allen Seiten gut anbraten. Dann mit der Schwarte nach oben in dem Bräter in den vorgeheizten Backofen schieben und ca. 2 Stunden garen.

3. In der Zwischenzeit die Zwiebeln abziehen und würfeln. Die Karotten putzen, waschen und in ca. 5 cm lange Stifte schneiden. Die Kartoffeln waschen, bürsten und ca. 10 Minuten vorkochen.

4. Die Fleischbrühe zum Kochen bringen. Die Speisestärke mit etwas Wasser anrühren und die Brühe damit etwas andicken. Nach einer Stunde Bratzeit die Soße zu dem Braten gießen. Die Karotten und die Kartoffeln dazugeben und mit dem Braten weitergaren.

5. Nach Ende der Garzeit den Backofengrill anschalten und den Braten ca. 10 Minuten grillen, damit die Kruste schön knusprig wird. Dann den Ofen ausschalten und den Braten vor dem Servieren noch etwas ruhen lassen.

Gepökeltes *Eisbein* mit Salzbohnen

Zutaten:
(für 6 Personen)

2 große gepökelte Vorder- oder Hinterhaxen vom Schwein
2 EL gekörnte Brühe

Für die Bohnen:
1 EL Margarine
1 EL Mehl
500 g geschnittene saure Bohnen

Für das Kartoffelpüree:
800 g mehligkochende Kartoffeln
150 ml Milch
30 g Butter
Muskatnuss
Salz

Zubereitung:

1. In einem großen Topf 3 Liter Wasser zum Kochen bringen und die gekörnte Brühe hineinrühren. Das Eisbein hineinlegen und 1½–2 Stunden kochen. Das Fleisch muss noch knackig sein. Das Eisbein aus der Brühe nehmen und im Backofen bei 100–150 °C Ober- und Unterhitze warmhalten.

2. In einem Topf die Margarine erhitzen. Mit einem Schneebesen das Mehl hineinrühren und mit etwas Brühe von der Haxe aufgießen. So lange gut rühren, bis eine sämige Soße entsteht. Die sauren Bohnen dazugeben und unter ständigem Rühren erhitzen.

3. Die Kartoffeln schälen, in Stücke schneiden, in einen Topf geben und knapp mit Salzwasser bedecken. 18–20 Minuten weich kochen und in einem Sieb abtropfen lassen.

4. Die heißen Kartoffeln durch eine Kartoffelpresse drücken. Die Milch erwärmen und mit der Butter unter die Kartoffelmasse rühren. Mit Muskat und Salz würzen.

5. Wer das Eisbein nicht im Ganzen auf den Tisch stellen möchte, kann mit einem langen Messer das Fleisch am Knochen entlang in Scheiben abschneiden. Damit es heiß bleibt, eventuell nochmals in die Brühe legen. Zum Servieren auf einer Platte zusammen mit den Bohnen anrichten.

Tipp:

Eventuelle Reste vom Eisbein schmecken auch am nächsten Tag kalt mit Brot und Senf sehr gut.

Schweinebraten
mit Karotten und Äpfeln

90 Minuten

Zubereitung:

1. Den Backofen auf 180 °C Ober- und Unterhitze (Umluft 160 °C) vorheizen.

2. Die Karotten schälen, den Lauch putzen und beides in Stücke schneiden. Auf ein tiefes Backblech geben, dabei in der Mitte Platz für den Braten lassen. Mit 1 Esslöffel Öl beträufeln und leicht mit Salz und Pfeffer würzen.

3. 2 Teelöffel Salz, 2 Teelöffel Pfeffer und den Kreuzkümmel miteinander vermischen. Das Fleisch mit der Mischung einreiben und in 2 Esslöffeln Öl rundherum anbraten. Das Fleisch zu dem Gemüse auf das Backblech legen.

4. 500 ml Wasser mit dem Apfelsaft in einen Topf gießen, die Speisestärke hineinrühren, mit Salz und Pfeffer würzen und unter Rühren aufkochen. Die Soße in die Backform gießen.

5. Im vorgeheizten Backofen 15 Minuten bei 180 °C und anschließend weitere 45 Minuten bei 150 °C garen.

6. Inzwischen die Zwiebeln abziehen und fein würfeln. Die Äpfel waschen, schälen, entkernen und in Würfel schneiden. Beides in einer Pfanne im restlichen Öl andünsten. 15 Minuten vor Ende der Garzeit zum Fleisch dazugeben.

7. Das Fleisch herausnehmen und zugedeckt 10 Minuten ruhen lassen. Mit dem Gemüse auf einer Platte anrichten und die Soße mit Crème fraîche verfeinern. Dazu passen Salzkartoffeln.

Die Soße können Sie statt mit Speisestärke auch mit 2 Beuteln Soßenpulver für Schweinebraten (z.B. von Knorr) zubereiten.

Zutaten:
(für 6 Personen)

6 Karotten
2 Stangen Lauch
5 EL Öl
1 TL gemahlener Kreuzkümmel

2 kg Schweinebraten aus der Oberschale
200 ml Apfelsaft
2 EL Speisestärke
3 Zwiebeln

2 Äpfel
2 EL Crème fraîche
Salz, Pfeffer

70 Minuten

Tipp:

Es ist sehr aufwendig, Fleischbrühe selbst herzustellen. Da heute sehr gute Fertigprodukte im Handel sind, ist es empfehlenswert, diese zu verwenden. Für die Fleischbrühe lösen Sie einfach einen Fleischbrühwürfel (z.B. von Knorr) in 500 ml heißem Wasser auf.

Kasseler
mit Grünkohl und Kochwürsten

Zutaten:
(für 6 Personen)

3 kg Grünkohl
3 Zwiebeln
100 g Schmalz
500 ml Fleischbrühe
3 Kochwürste (ca. 300 g)
2 EL Öl
2 TL Senf
etwas Thymian
6 Scheiben Kasseler Nacken ohne Knochen
2 kleine Äpfel
Salz, Pfeffer

Zubereitung:

1. Den Grünkohl waschen, putzen und die Blätter grob hacken. Die Zwiebeln abziehen und 1 Zwiebel in Würfel, die andere in feine Streifen schneiden.

2. Das Schmalz in einem Bräter erhitzen und die Zwiebelwürfel darin glasig andünsten. Den Grünkohl und die Fleischbrühe dazugeben und aufkochen lassen. Die Kochwürste hinzufügen und zugedeckt bei schwacher Hitze 40–50 Minuten garen.

3. Inzwischen die Zwiebelstreifen in 1 Teelöffel heißem Öl andünsten, mit Pfeffer würzen, mit dem Senf und dem Thymian vermischen.

4. Das Kasseler so einschneiden, dass eine Tasche entsteht. Die Zwiebelmasse hineinfüllen und die Öffnung mit Holzspießen zustecken.

5. Die Äpfel waschen, das Kerngehäuse entfernen und das Fruchtfleisch in Scheiben schneiden. Das Kasseler und die Apfelscheiben im restlichen Öl ca. 2 Minuten anbraten und warm stellen.

6. Den Grünkohl mit Salz und Pfeffer würzen. Mit dem Kasseler und den Apfelscheiben servieren. Dazu passen Salzkartoffeln.

Schweinenacken
mit Rotweinsoße und Apfel-Rotkohl

Zubereitung:

1. Den Backofen auf 150 °C Umluft vorheizen. Den Rosmarin und den Thymian waschen und fein hacken. Das Fleisch mit kaltem Wasser abwaschen und trocken tupfen, dann mit Salz und Pfeffer würzen und die gehackten Kräuter und den Senf einmassieren.

2. Das Butterschmalz erhitzen und das Fleisch von allen Seiten kräftig anbraten. Das Fleisch auf ein Backblech legen, mit Alufolie bedecken und ca. 2 Stunden garen. Am besten verwenden Sie ein Bratenthermometer. Der Braten ist gar bei einer Kerntemperatur von 68 °C.

3. Für die Rotweinsoße die Zwiebeln abziehen, die Karotten und den Sellerie schälen und alles würfeln. Den Lauch halbieren, waschen und grob schneiden. Das Öl erhitzen und das Gemüse darin scharf anbraten. Das Tomatenmark hinzugeben und mitrösten. Mit dem Rotwein ablöschen und auf die Hälfte einköcheln lassen. Dann mit Rinderfond auffüllen und köcheln lassen, bis die Hälfte der Flüssigkeit eingekocht ist. Die Soße durch ein Sieb passieren und abschmecken. Falls die Soße zu dünn ist, kann sie mit etwas Speisestärke abgebunden werden.

4. Für den Apfel-Rotkohl den Rotkohl vierteln und den Strunk entfernen. Die Äpfel schälen, vom Kerngehäuse befreien und in Stücke schneiden. Die geviertelten Stücke in feine Streifen schneiden. Die Zwiebeln abziehen und in Streifen schneiden. Das Butterschmalz erhitzen, die Zwiebeln und die Äpfel darin anschwitzen, den Rotkohl hinzugeben und mit dem Apfelsaft ablöschen. Die Gewürze in ein Teesieb legen und in den Rotkohl geben. Den Essig hinzufügen und zugedeckt ca. 1 Stunde bei mittlerer Hitze garen.

5. Den Braten nach Garende noch ca. 10 Minuten ruhen lassen, dann aufschneiden und mit der Soße und dem Rotkohl servieren.

Tipp:

Dazu passen Klöße mit polnischer Butter: Für die polnische Butter lassen Sie 250 g Butter schmelzen und rühren 125 g Semmelbrösel unter. Die Mischung dann so lange unter Rühren rösten, bis sie eine haselnussbraune Farbe hat. Dann über die Klöße geben und zu dem Braten servieren.

Zutaten:
(für 6 Personen)

Für den Schweinenacken:
½ Bund Rosmarin
½ Bund Thymian
2 kg Schweinenacken
3 EL mittelscharfer Senf
1 EL Butterschmalz
Salz, Pfeffer

Für die Rotweinsoße:
6 Zwiebeln
500 g Karotten
½ Knolle Sellerie
1 Stange Lauch
2 EL Öl
100 g Tomatenmark
750 ml Rotwein
500 ml Rinderfond, aus dem Glas
Salz, Pfeffer

Für den Apfel-Rotkohl:
1 Kopf Rotkohl
4 Äpfel (Boskop)
3 Zwiebeln
2 EL Butterschmalz
3 EL Essig (vorzugsweise Apfelessig)
400 ml Apfelsaft
2 Lorbeerblätter
5 Nelken
Salz, Pfeffer
Zimt nach Belieben

140 Minuten

Tipp:

Wenn Sie weder einen Cutter noch ein scharfes Messer besitzen oder es einfach nicht selbst tun möchten, dann bitten Sie beim Einkauf Ihren Metzger, die Schwarte einzuschneiden.

Fränkisches *Schäufele*

220 Minuten

Zutaten:
(für 6 Personen)

1 l Gemüsebrühe
3 kg Schäufele
1 Flasche dunkles Bier
3 Zwiebeln
1 EL Pflanzenöl
1 EL Tomatenmark
Salz, Pfeffer

Zubereitung:

1. Den Backofen auf 160 °C Umluft vorheizen.

2. Den Braten mit der Schwarte nach unten in eine Pfanne legen und so viel Wasser einfüllen, dass nur die Schwarte im Wasser liegt. Ca. 20 Minuten kochen, damit die Schwarte weich wird und sich leichter einritzen lässt.

3. Das Schäufele herausheben und die Schwarte mit einem Cutter gitterartig einschneiden. Mit Salz und Pfeffer kräftig würzen und dann wieder in den Bräter legen, dieses Mal aber mit der Schwarte nach oben. Auf der mittleren Schiene ca. 3 Stunden garen und dabei regelmäßig mit etwas Bier begießen.

4. Wenn der Braten gar ist, den Bratenfond in einen Topf abgießen und den Braten weitere 10 Minuten unter dem Backofengrill kross werden lassen.

5. Die Zwiebeln abziehen und grob hacken. Das Öl in einem Topf erhitzen und die Zwiebeln darin anbraten. Das Tomatenmark hinzufügen, leicht anrösten, mit dem Bratenfond ablöschen und etwas einkochen lassen. Gegebenenfalls mit etwas Speisestärke binden.

6. Das Schäufele auf ein Brett legen und das Fleisch vom Knochen und in Scheiben schneiden. Auf Tellern servieren und die Soße dazu reichen. Dazu passen sehr gut Feldsalat und Knöpfle.

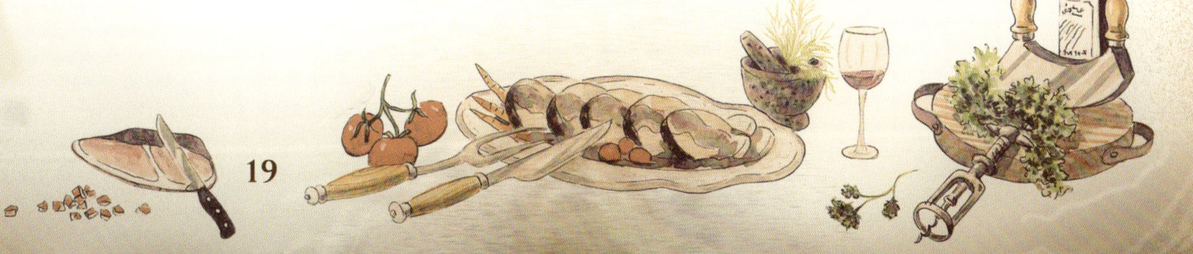

Badisches *Schäufele*

Zutaten:

(für 4 Personen)

130 Minuten

½ l trockener Weißwein
1 Zwiebel
1 Lorbeerblatt
2 Gewürznelken
1 Zweig Thymian
1 TL weiße Pfefferkörner
2 kg Schäufele (gepökelt und geräuchert)

Für den Kartoffelsalat:
1 kg festkochende Kartoffeln
1 Salatgurke
1–2 Zwiebeln
200 g Bauchspeck
125 ml Gemüsebrühe
1 TL Senf
2 EL Essig
6 EL Öl
Zucker
Salz, Pfeffer

Zubereitung:

1. Den Weißwein mit 1½ Liter Wasser in einen großen Topf geben. Die Zwiebel abziehen, vierteln und mit dem Lorbeerblatt, den Gewürznelken, dem Thymian und den Pfefferkörnern in den Topf geben. Alles zum Kochen bringen.

2. Das Schäufele in den kochenden Sud legen, die Hitze reduzieren und das Fleisch in dem leicht siedenden Wasser ca. 2 Stunden ziehen lassen.

3. Für den Kartoffelsalat die Kartoffeln waschen und in Salzwasser ca. 20 Minuten kochen. Mit einem spitzen Küchenmesser hineinstechen und prüfen, ob sie gar sind.

4. In der Zwischenzeit die Gurke waschen und in feine Scheiben hobeln. Die Zwiebeln abziehen und fein würfeln. Den Bauchspeck fein würfeln und in einer Pfanne langsam auslassen.

5. Die noch heißen Kartoffeln pellen und in ca. 3 mm dicke Scheiben schneiden. Die Gemüsebrühe erhitzen und mit den Zwiebelwürfeln über die Kartoffelscheiben gießen. Die Speckwürfel dazugeben und alles vorsichtig vermischen. Kurz stehen lassen, damit die Flüssigkeit in die Kartoffeln einziehen kann.

6. Den Senf mit dem Essig, dem Öl, etwas Zucker sowie Salz und Pfeffer verrühren. Die Marinade über die Kartoffeln geben und vermischen.

7. Das Schäufele aus dem Wasser nehmen, in Scheiben schneiden und zusammen mit dem Kartoffelsalat servieren.

Tipp:

Entfernt man das Küchengarn erst nach dem Aufschneiden des Bratens, dann fallen die Scheiben nicht auseinander.

Schweinerollbraten
mit Speck und Backpflaumen

Zutaten:
(für 6 Personen)

140 Minuten

200 g Bauchspeck
6 Stiele Thymian
6 Stiele Rosmarin
250 g Backpflaumen
2 kg Schweinenacken (als Rollbraten vom Metzger geschnitten)
3 EL Senf
4 Zwiebeln
2 EL Öl
800 ml Rinderbrühe
etwas Soßenbinder
Pfeffer

Zubereitung:

1. Den Backofen auf 160 °C Ober- und Unterhitze vorheizen. Den Speck fein würfeln. Die Thymian- und Rosmarin-Blättchen vom Stiel zupfen und fein hacken. Die Backpflaumen ebenfalls klein hacken.

2. Die Speckwürfel in einer Pfanne hellbraun braten. Die Hälfte der Kräuter dazugeben und kurz mitbraten. Die Backpflaumen untermischen.

3. Den Braten entrollen oder selbst als Rollbraten zuschneiden, indem man das Bratenstück quer in der Mitte teilt, aber nicht komplett durchschneidet. Der Braten muss an einer Seite noch verbunden sein.

4. Das Bratenstück flach hinlegen und mit Pfeffer würzen. Mit Senf bestreichen und mit der Speck-Pflaumen-Masse belegen. Anschließend den Braten fest aufrollen und mit Küchengarn fest umbinden.

5. Die Zwiebeln abziehen und in Spalten schneiden. Das Öl in einem Bräter erhitzen und den Braten darin bei starker Hitze rundherum kräftig anbraten. Die Zwiebeln dazugeben und etwa 2 Minuten mit anbraten. Die restlichen Kräuter hinzugeben und kurz mit anbraten.

6. Die Rinderbrühe zugießen und den Braten ohne Deckel im vorgeheizten Ofen im unteren Ofendrittel 2 Stunden garen, dabei gelegentlich wenden. Den Bräter aus dem Ofen nehmen, den Braten herausnehmen und auf einen Teller legen. Die Soße kurz aufkochen, eventuell nachwürzen und mit etwas Soßenbinder binden. Dazu passen Spätzle.

Dicke Rippe mit Hackfleischfüllung

Zutaten:
(für 6 Personen)

2 kg dicke Rippe vom Schwein
2 EL Butterschmalz

Für die Hackfleischfüllung:
600 g gemischtes Hackfleisch
1 altbackenes Brötchen
1 Zwiebel
2 Eier
1 EL gehackte Petersilie
Salz, Pfeffer

Für die Soße:
2 Zwiebeln
1,5 l Fleischbrühe
Soßenbinder nach Belieben
Paprikapulver
Salz, Pfeffer

Außerdem:
Küchengarn zum Binden

Zubereitung:

1. Die dicke Rippe unter kaltem Wasser abspülen und trocken tupfen. Direkt über dem Knochen in das Fleisch eine Tasche schneiden (oder bereits beim Einkauf vom Metzger einschneiden lassen). Die dicke Rippe muss dabei an drei Seiten geschlossen bleiben.

2. Für die Hackfleischfüllung das Brötchen in kaltem Wasser einweichen. Die Zwiebel abziehen und in feine Würfel schneiden. Das Hackfleisch in eine Schüssel geben. Das Brötchen ausdrücken und zu dem Hackfleisch geben. Die Zwiebel, die Eier und die Petersilie dazugeben und alles gut vermischen. Mit Salz und Pfeffer würzen.

3. Die Hackfleischmasse in die Fleischtasche füllen und alles gut mit Küchengarn umwickeln. Das Butterschmalz in einem Bräter erhitzen und die dicke Rippe darin von allen Seiten scharf anbraten. Das Fleisch aus dem Bräter nehmen und warm stellen.

4. Den Backofen auf 160 °C Ober- und Unterhitze vorheizen. Für die Soße die Zwiebeln abziehen und in grobe Stücke schneiden. Im Bratenfett anbraten und mit der Fleischbrühe ablöschen. Das Fleisch dazugeben und im vorgeheizten Ofen ca. 2 Stunden garen.

5. Das fertige Fleisch herausnehmen, die Soße durch ein Sieb passieren und mit Paprikapulver, Salz und Pfeffer abschmecken. Nach Belieben kann man die Soße noch mit etwas Soßenbinder andicken.

6. Die dicke Rippe in Scheiben schneiden und mit der Soße servieren. Dazu passen Semmelknödel und Buttererbsen.

150 Minuten

Schweinelende
im Blätterteigmantel

60 Minuten

Zutaten:
(für 4 Personen)

2 EL Öl
1 kg Schweinelende
200 g Champignons
200 g frischer Blattspinat
2 EL Crème fraîche
2 EL gemischte, gehackte Kräuter (z. B. Bärlauch, Petersilie, Schnittlauch etc.)
1 Packung Blätterteig aus dem Kühlregal
1 Eigelb
2 EL Speisestärke
250 ml Fleischbrühe
etwas Abrieb und Saft von einer unbehandelten Zitrone
Salz, grob geschroteter Pfeffer

Zubereitung:

1. Den Backofen auf 200 °C (Umluft 180 °C) vorheizen.

2. Das Öl in einem Bräter erhitzen. Das Fleisch von eventuellen Sehnen befreien. Dann mit Küchenkrepp trocken tupfen, mit Salz und Pfeffer würzen, im heißen Öl anbraten und herausnehmen.

3. Für die Füllung die Champignons putzen und in kleine Würfel schneiden. Den Spinat putzen, waschen und in Streifen schneiden. Beides im verbliebenen Bratfett andünsten. 1 Esslöffel Crème fraîche und die Kräuter untermischen und mit Salz und Pfeffer würzen.

4. Den Blätterteig entrollen und die Hälfte der Füllung mittig darauf verteilen. Das Fleisch darauflegen und mit der restlichen Füllung bedecken. Den Blätterteig verschließen und mit der Naht nach unten auf ein mit Backpapier ausgelegtes Backblech legen.

5. Das Eigelb mit 1 Esslöffel Wasser verrühren, den Blätterteig damit bestreichen und im vorgeheizten Backofen ca. 30 Minuten garen.

6. Die Speisestärke in der Brühe auflösen, aufkochen und 1 Minute kochen lassen. Die Soße mit der restlichen Crème fraîche und dem Zitronenabrieb und -saft verfeinern. Zum Schweinefilet im Blätterteig servieren.

Für die Soße können Sie statt Brühe und Speisestärke auch 1 Päckchen Bratensoßenkonzentrat (z. B. von Knorr) nach Packungsanleitung zubereiten.

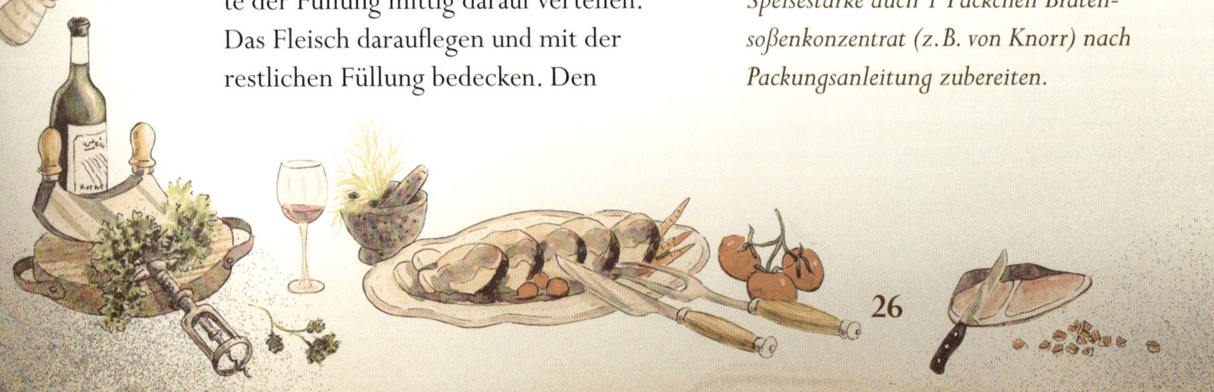

Tipp:

Sie können dieses Rezept auch mit Bärlauch anstelle von Spinat und Champignons zubereiten: Die Blätter von 1 Bund Bärlauch von den Stielen zupfen. 2 Zwiebeln abziehen, in feine Würfel schneiden und im Bratfett glasig dünsten. Den Bärlauch zu den Zwiebeln geben, kurz mit andünsten und mit Salz und Pfeffer abschmecken. Dann wie unter 4. beschrieben weiterverfahren.

Tipp:

Wenn Sie gekochte Kartoffeln vom Vortag übrig haben, können Sie diese in Spalten schneiden und zu dem Filet aufs Backblech legen. Einfach ein wenig Öl darüberträufeln und mit Salz und Pfeffer würzen. Besonders aromatisch werden die Kartoffeln mit etwas frischem Thymian oder Rosmarin.

Schweinefilet im Speckmantel mit Rosenkohl

50 Minuten

Zutaten:
(für 4 Personen)

Für das Schweinefilet:
1 kg Schweinelende ohne Kette
10 Scheiben Bauchspeck
2 EL Öl
Salz
Pfeffer

Für den Rosenkohl:
500 g Rosenkohl
2 Zwiebeln
150 g Speckwürfel
200 ml Gemüsebrühe
Muskat
Pfeffer

Zubereitung:

1. Den Backofen auf 160 °C Ober- und Unterhitze vorheizen. Die Schweinelende waschen und trocken tupfen, anschließend von eventuellen Sehnen befreien. Die Speckscheiben nebeneinander ausbreiten. Das Filet mit Pfeffer würzen, auf die Speckscheiben legen und fest einrollen.

2. In einer Pfanne das Öl erhitzen und das Filet von allen Seiten anbraten. Auf das Backblech legen und im vorgeheizten Backofen mit einem Bratenthermometer so lange garen, bis das Filetstück eine Kerntemperatur von 56 °C hat (ca. 10–15 Minuten).

3. Den Rosenkohl waschen und putzen. Wer möchte, kann ihn auch halbieren oder vierteln. Die Zwiebeln abziehen und in feine Würfel schneiden. Die Speckwürfel und die Zwiebeln in einem Topf andünsten. Den Rosenkohl hinzugeben und mit der Gemüsebrühe aufgießen. Mit Muskat und Pfeffer würzen.

4. Die Schweinelende in Scheiben schneiden und zusammen mit dem Rosenkohl servieren. Dazu passen Bratkartoffeln.

Schweinerollbraten
mit gerösteten Kartoffeln

Zutaten:
(für 6 Personen)

1,2 kg Kartoffeln
10 Knoblauchzehen
3 El Olivenöl
2 EL frischer oder 1 TL getrockneter Thymian
1 EL frischer oder ½ EL getrockneter Rosmarin
2 kg Schweinerollbraten
200 ml Gemüsebrühe
Pfeffer

Zubereitung:

1. Den Backofen auf 230 °C (Umluft 210 °C) vorheizen.

2. Die Kartoffeln schälen, waschen und halbieren. Den Knoblauch abziehen und 1 Knoblauchzehe fein hacken. Die frischen Kräuter ebenfalls fein hacken. 1 Esslöffel Olivenöl mit der gehackten Knoblauchzehe, dem Thymian, dem Rosmarin und etwas Pfeffer verrühren.

3. Das Fleisch mit der Würzpaste einreiben und in eine große Auflaufform geben. Im vorgeheizten Backofen ca. 20 Minuten garen. Die Kartoffeln mit den restlichen Knoblauchzehen und dem restlichen Olivenöl vermischen. Die Backofentemperatur auf 180 °C heruntersetzen.

4. Die Kartoffeln mit dem Knoblauch um das Fleisch herum verteilen. Die Gemüsebrühe angießen und weitere 45 Minuten garen, bis das Fleisch durchgegart ist. Aus dem Backofen nehmen und abgedeckt ca. 10 Minuten ruhen lassen. Das Fleisch in Scheiben schneiden und mit den gerösteten Kartoffeln servieren.

Würziger wird das Ganze, wenn Sie statt der Gemüsebrühe Bratensoße (z.B. von Knorr) angießen.

Tipp:

Gießen Sie ein Glas trockenen Rotwein in die Auflaufform hinzu. Sie können auch andere Gemüse, wie z. B. Karotten und Petersilienwurzeln, mit dazugeben.

Hackbraten
„Falscher Hase“

Zubereitung:

100 Minuten

1. Das Brötchen in Wasser einweichen. Vier Eier in 8 Minuten hart kochen. Die Paprika putzen, waschen und klein würfeln. Die Zwiebeln und die Knoblauchzehen abziehen, dann eine Zwiebel und die Knoblauchzehen fein würfeln.

2. In einer Pfanne 2 Esslöffel Öl erhitzen und die Zwiebel und den Knoblauch darin glasig dünsten. Die Eier pellen.

3. Das Brötchen gut ausdrücken. In einer Schüssel zusammen mit dem Hackfleisch, der Zwiebel, dem Knoblauch, der Paprika, dem restlichen Ei und dem Senf zu einer glatten Masse vermengen. Mit Salz und Pfeffer würzen.

4. Den Backofen auf 180 °C Ober- und Unterhitze vorheizen.

5. Eine Kastenform gut ausfetten. Die Hälfte des Hackfleischteiges hineingeben und die hart gekochten Eier hintereinander in die Mitte legen. Den restlichen Fleischteig darüber verteilen und gut andrücken. Den Braten im vorgeheizten Backofen ca. 1 Stunde garen.

6. Die beiden restlichen Zwiebeln in Ringe schneiden und in einer Pfanne mit dem restlichen Öl anbraten. Den Hackbraten aus dem Ofen nehmen und die Zwiebelringe darauf verteilen.

7. Vor dem Servieren in Scheiben schneiden. Dazu passen sehr gut Erbsen und Möhren sowie Kartoffelpüree.

Zutaten:
(für 6 Personen)

1 altbackenes Brötchen
5 Eier
1 rote Paprika
3 Zwiebeln
2 Knoblauchzehen
3 EL Öl
1 kg Hackfleisch
1 TL mittelscharfer Senf
Salz, Pfeffer

Tipp:

Für eine besonders schonende Garmethode können Sie den Garzustand mit einem Bratenthermometer kontrollieren. Roastbeef wird nicht durchgegart. Das Fleisch sollte innen gleichmäßig rosarot sein, mit einem fingerbreiten braunen Rand. Je niedriger Sie die Gartemperatur einstellen, desto zarter und saftiger wird das Fleisch. Jedoch erhöht sich dadurch die Garzeit. Zeigt der Bratenthermometer eine Kerntemperatur von 55 °C an, ist der Braten medium.

Roastbeef aus dem Ofen

50 Minuten

Zutaten:
(für 4 Personen)

1 kg Roastbeef
1 Zweig Rosmarin
1 Zweig Thymian
1 EL mittelscharfer Senf
1 TL Butterschmalz
Salz aus der Mühle
Pfeffer aus der Mühle

Zubereitung:

1. Das Roastbeef ca. 30 Minuten vor der Zubereitung aus dem Kühlschrank nehmen. Den Backofen auf 160–180 °C Ober- und Unterhitze vorheizen.

2. Die Rosmarinnadeln und die Thymianblätter vom Stängel streifen und mit einem scharfen Messer klein hacken. Das Fleisch mit Salz und Pfeffer großzügig bestreuen und beides einmassieren. Anschließend mit dem Senf bestreichen.

3. Das Butterschmalz in einer Pfanne erhitzen. Das Fleisch auf der Fettseite kräftig anbraten, bis es eine schöne braune Farbe hat. Danach das Fleischstück wenden und auf der anderen Seite ebenfalls kräftig anbraten.

4. Das Fleisch aus der Pfanne nehmen, auf ein Backblech legen und ca. 25 Minuten garen. Nach Ende der Garzeit ca. 10 Minuten außerhalb des Backofens ruhen lassen. Das Fleisch dabei abdecken, damit es warm bleibt. Dazu passen Feldsalat und Spätzle.

Roastbeef-Platte
mit Remouladensoße

20 Minuten

Zubereitung:

1. Für die Remouladensoße die Zwiebel abziehen und in feine Würfel schneiden. Die Gewürzgurken ebenfalls klein würfeln. Die Petersilie waschen, trocken schütteln und klein hacken. Die Kapern in einem Sieb abtropfen lassen.

2. Die Mayonnaise zusammen mit dem Gewürzgurkenfond, den Kapern und der gewürfelten Zwiebel verrühren. Mit Salz und Pfeffer abschmecken. Zum Schluss die gehackte Petersilie unterrühren.

3. Die Remouladensoße vor dem Servieren 20–30 Minuten kaltstellen. Die Roastbeefscheiben auf einer Platte anrichten. Die Soße in eine kleine Schale füllen und zusammen mit den Roastbeefscheiben servieren. Dazu passt Weißbrot.

Tipp:

Für die Roastbeef-Platte können Sie Roastbeefscheiben verwenden, die bei der Zubereitung des Rezepts auf Seite 34–35 übriggeblieben sind. Am besten planen Sie diese gleich mit ein – das spart viel Zeit!

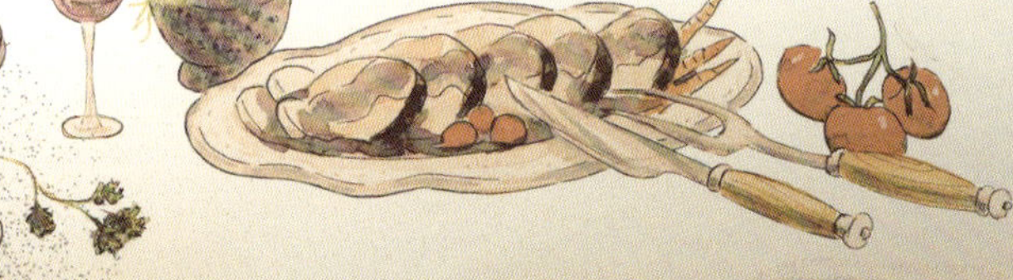

Zutaten:
(für 4 Personen)

1 kleine Zwiebel
4 Gewürzgurken
1 Stängel Petersilie
30 g Kapern
200 g Mayonnaise
2 EL Gewürzgurkenfond
2 TL heller Essig
Salz aus der Mühle
Pfeffer aus der Mühle
ca. 8 Scheiben Roastbeef
à 20 g

Tafelspitz mit Grüner Soße und Gemüsestreifen

Zutaten:
(für 6 Personen)

Für den Tafelspitz:
1 Gemüsezwiebel
1 Karotte
½ Knolle Sellerie
½ Stange Lauch
2 kg Tafelspitz
2 TL Salz
1 Lorbeerblatt
1 EL ganze, schwarze Pfefferkörner
1 TL Wacholderbeeren
2 ganze Nelken

Für die Grüne Soße:
1 Packung Kräuter für Grüne Soße
2 Becher Schmand à 200 g
200 g saure Sahne
1 EL mittelscharfer Senf
1 EL heller Essig
Salz aus der Mühle
Pfeffer aus der Mühle

Für die Gemüsestreifen:
½ Stange Lauch
½ Knolle Sellerie
1 Karotte

Zubereitung:

1. Die Zwiebel abziehen und halbieren. Die Karotte, den Sellerie und den Lauch putzen und in ca. 2 cm große Würfel schneiden. Die Zwiebelhälften auf der angeschnittenen Seite in einer Pfanne scharf anbraten.

2. Das Fleisch abwaschen und zusammen mit dem gewürfelten Gemüse und den Zwiebelhälften sowie den Gewürzen in einen mit ca. 3 Liter kaltem Wasser gefüllten Topf legen. Bei hoher Hitze aufkochen lassen und den dabei entstehenden Schaum abschöpfen. Danach die Hitze etwas reduzieren, sodass der Sud mit dem Fleisch nur noch leicht köchelt. Im zugedeckten Topf 1 ½–2 Stunden ziehen lassen. Das Fleisch ist gar, wenn es beim Hineinstechen von der Gabel herunterrutscht.

3. In der Zwischenzeit für die Grüne Soße die Kräuter waschen, trocknen und fein hacken. Die Kräuter zusammen mit dem Schmand, der sauren Sahne, dem Senf und dem Essig in einer Schüssel verrühren. Mit Salz und Pfeffer abschmecken.

4. Für die Gemüsestreifen den Lauch, den Sellerie und die Karotte waschen, putzen und der Länge nach in dünne Streifen schneiden. Salzwasser zum Kochen bringen und die Gemüsestreifen blanchieren.

5. Das Fleisch aus dem Sud nehmen, in dünne Scheiben schneiden und auf einem Teller anrichten. Die Gemüsestreifen auf das Fleisch geben und die Grüne Soße dazu reichen. Dazu passen Salzkartoffeln.

130 Minuten

Tipp:

Servieren Sie die enstandene Brühe als Vorspeise. Sie ergibt eine herrliche Rinderkraftbrühe, die Sie mit Flädle (Rezept siehe Seite 41) und einigen Gemüsestreifen ergänzen können.

Tafelspitz mit Meerrettich

Zutaten:
(für 6 Personen)

2 kg Tafelspitz, frisch gekocht (siehe Seite 38)
1 l passierte Fleischbrühe (siehe Seite 38)
3 altbackene Brötchen
50 g frisch geriebener Meerrettich
300 g Meerrettich (aus dem Glas)
200 g süße Sahne
1 EL Mehl

Zubereitung:

1. Die Brötchen klein schneiden, mit der heißen Fleischbrühe übergießen und gut durchweichen lassen. Dann mit einem Pürierstab die Brötchen pürieren und den Meerrettich mit einem Schneebesen gleichmäßig in die Soße einrühren. Die süße Sahne mit dem Schneebesen unterrühren.

2. Das Mehl mit 125 ml kaltem Wasser glattrühren, in die Meerrettichsoße einrühren und dabei kurz aufkochen. Den noch heißen Tafelspitz in 1 cm dicke Scheiben schneiden und zusammen mit der Meerrettichsoße servieren. Nach Belieben können noch gekochte Birnen dazu gereicht werden.

Rinderkraftbrühe
mit Flädle

Zutaten:
(für 6 Personen)

ca. 2 l Fleischbrühe (Rest vom Rezept auf Seite 38)

Für die Flädle:
150 g Mehl
300 ml Milch
4 Eier
Pflanzenöl
Salz

Zubereitung:

1. Die Fleischbrühe erhitzen. Das Mehl mit der Milch und den Eiern verrühren und mit Salz würzen.

2. In einer Pfanne etwas Öl erhitzen und den Flädleteig darin nacheinander als Pfannkuchen ausbacken. Die Pfannkuchen abkühlen lassen.

3. Die erkalteten Pfannkuchen in dünne Streifen schneiden und in der Suppe servieren. Nach Belieben können auch noch fein geschnittene Gemüsestreifen dazugegeben werden.

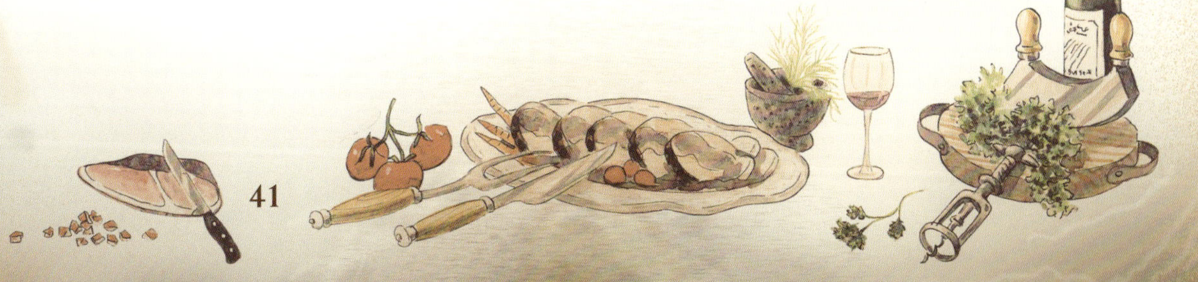

Rinderschmorbraten
mit Rotweinsoße

Zutaten:
(für 4 Personen)

150 g Zwiebeln
2 Knoblauchzehen
800 g Rindfleisch (aus der Keule)
2 EL Pflanzenöl
50 ml Rotwein
1 Bund Suppengrün
2 EL Speisestärke
Paprikapulver, edelsüß
Salz, Pfeffer

Zubereitung:

1. Die Zwiebeln und den Knoblauch abziehen und grob würfeln. Das Fleisch mit Küchenkrepp trocken tupfen und mit Paprikapulver, Salz und Pfeffer einreiben.

2. Das Öl in einem großen Bratentopf erhitzen und das Fleisch bei starker Hitze rundherum anbraten. Die Zwiebeln und den Knoblauch kurz mit anbraten.

3. Den Rotwein dazugießen und zugedeckt bei schwacher Hitze ca. 1 ½ Stunden schmoren.

4. Das Suppengrün putzen, waschen und in Scheiben schneiden. Nach 1 Stunde Schmorzeit zu dem Braten geben und mitschmoren lassen. Den Rinderschmorbraten herausnehmen und ruhen lassen.

5. Die Speisestärke mit 100 ml Wasser anrühren und anschließend in den Schmorfond hineinrühren. Nach Belieben mit Salz, Pfeffer und Paprikapulver würzen.

6. Den Rinderschmorbraten in Scheiben schneiden. Mit der Soße und dem Gemüse auf Tellern anrichten.

Anstatt der Speisestärke können Sie auch Bratensoßenkonzentrat (z. B. von Knorr) verwenden.

Tipp:

Für eine alkoholfreie Variante können Sie statt dem Rotwein auch Fleischbrühe verwenden.

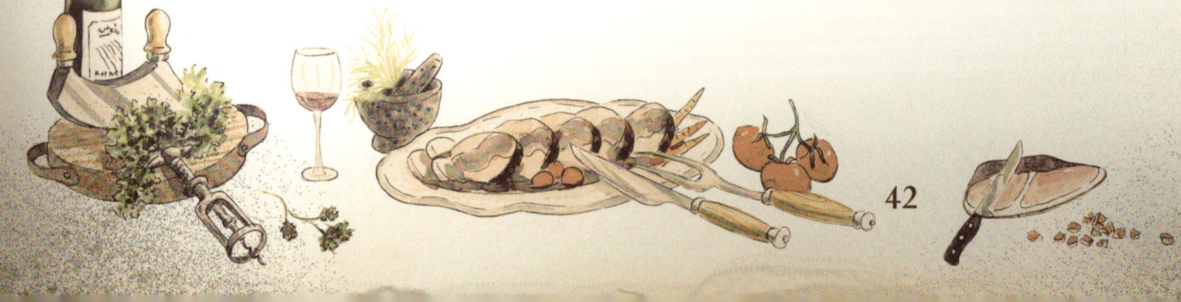

100 Minuten

Rinderbraten
im Römertopf

Zutaten:
(für 4 Personen)

140 Minuten

1 Bund Suppengrün
1,5 kg Rinderbraten (dicker Bug)
2 EL mittelscharfer Senf
2 EL Tomatenmark
125 ml Rotwein
400 ml Rinderfond
evtl. Speisestärke zum Binden
Salz, Pfeffer

Zubereitung:

1. Am Vortag den Römertopf in Wasser legen, damit sich die Poren vollsaugen können.

2. Das Suppengrün putzen, waschen und klein schneiden. Den Rinderbraten mit Salz und Pfeffer einreiben und dann mit dem Senf und dem Tomatenmark bestreichen.

3. Das Suppengemüse, den Rotwein und den Rinderfond zusammen mit dem Rinderbraten in den gewässerten Römertopf geben. Den Deckel schließen und alles bei 160 °C Ober- und Unterhitze im nicht vorgeheizten Backofen ca. 2 Stunden garen.

4. Für die Soße den Fond und das Gemüse durch ein Sieb passieren, mit Salz und Pfeffer abschmecken und nach Belieben mit etwas Speisestärke binden.

5. Den Braten in Scheiben schneiden und zusammen mit der Soße servieren.

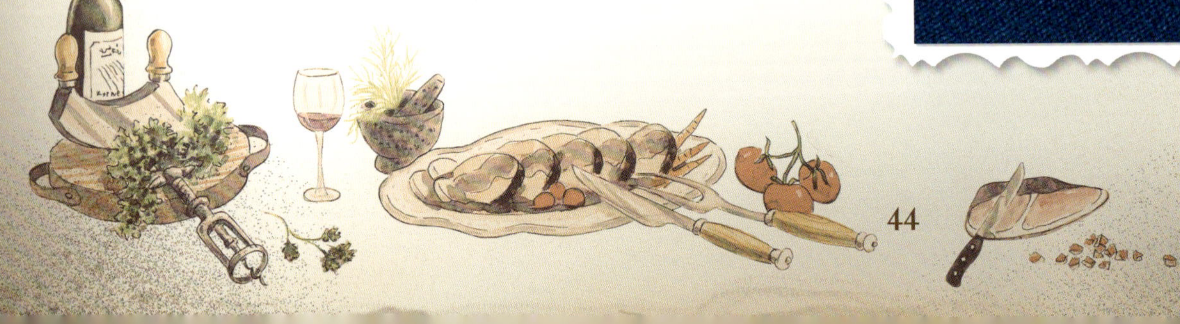

Tipp:

Dazu passt sehr gut ein im Ganzen gegarter Blumenkohl mit gerösteten Semmelbröseln bzw. polnischer Butter (Rezept siehe Seite 16–17). Reichen Sie dazu Nudeln.

Tipp:

Wenn Sie die Rote Bete schälen und schneiden, ist es ratsam, Küchenhandschuhe zu tragen. Sind die Hände dennoch rot gefärbt, sollten Sie sie möglichst schnell mit Zitronensaft abreiben.

Rinderbraten
mit Roter Bete

Zutaten:
(für 4 Personen)

1 kg Rindfleisch, z. B. aus der Unterschale
4 EL Öl
500 g Rote Bete (fertig gegart)
125 ml Gemüsebrühe
125 ml Orangensaft
2 EL Speisestärke
2–3 TL frisch geriebener Meerrettich
50 ml süße Sahne
Salz, Pfeffer

100 Minuten

Zubereitung:

1. Das Rindfleisch im heißen Öl rundherum scharf anbraten. 500 ml Wasser dazugießen und aufkochen lassen. Das Soßenpulver hineinrühren. Zugedeckt bei schwacher Hitze ca. 1½ Stunden schmoren lassen und nach der Hälfte der Garzeit wenden.

2. Die Rote Bete in Scheiben schneiden. Die Gemüsebrühe mit dem Orangensaft aufkochen und die Rote-Bete-Scheiben darin ca. 5 Minuten dünsten. Mit Pfeffer würzen.

3. Die Speisestärke mit etwas Wasser anrühren und unter die Bratensoße rühren. Mit dem Meerrettich, Salz und Pfeffer abschmecken und mit der Sahne verfeinern. Den Braten in Scheiben schneiden und mit der Soße und der Roten Bete anrichten. Dazu passen Bratkartoffeln.

Die Bratensoße wird übrigens noch würziger, wenn Sie sie statt mit Speisestärke mit einem Beutel Soßenpulver für Schmorbraten (z. B. von Knorr) anrühren.

Rinderschmorbraten mit Wurzelgemüse

Zutaten:
(für 6 Personen)

150 Minuten

Für den Schmorbraten:
- 1 Karotte
- ½ Stange Staudensellerie
- ½ Stange Lauch
- 2 Zwiebeln
- 1 Knoblauchzehe
- 2 kg Bug vom Rind
- 4 EL Butterschmalz
- 100 g Tomatenmark
- 400 ml tockener, kräftiger Rotwein
- 500 ml Rinderbrühe
- Salz aus der Mühle
- Pfeffer aus der Mühle

Für das Wurzelgemüse:
- 2 Karotten
- ½ Knolle Sellerie
- ½ Stange Lauch
- 1 Zwiebel
- 1 EL Öl
- 1 TL Butter
- evtl. Speisestärke
- Salz aus der Mühle
- Pfeffer aus der Mühle

Zubereitung:

1. Die Karotten, den Sellerie und den Lauch waschen, schälen und grob würfeln. Die Zwiebeln und den Knoblauch abziehen und fein würfeln. Den Ofen auf 150 °C Ober- und Unterhitze vorheizen.

2. Das Fleisch mit kaltem Wasser abwaschen und trocken tupfen, dann mit Salz und Pfeffer würzen. In einem Bräter das Butterschmalz erhitzen, das Fleisch darin von allen Seiten scharf anbraten.

3. Das Fleisch herausnehmen und das kleingeschnittene Gemüse im Bräter anrösten. Das Tomatenmark dazugeben und mitrösten. Das Fleisch wieder zum Gemüse geben, mit Rotwein ablöschen und aufkochen lassen. Mit der Rinderbrühe auffüllen. Das Fleisch in den vorgeheizten Backofen schieben, mit einem feuerfesten Deckel abdecken und ca. 2 Stunden schmoren lassen.

4. Für das Wurzelgemüse die Karotten und den Sellerie waschen und schälen. Den Lauch ebenfalls waschen und putzen. Die Zwiebel abziehen. Alles in gleich große Würfel schneiden. Das Öl in einer Pfanne erhitzen und das Gemüse darin bissfest garen. Die Butter hinzugeben, mit dem Gemüse vermengen und mit Salz und Pfeffer abschmecken.

5. Den fertig gegarten Braten aus dem Ofen nehmen und ca. 10 Minuten ruhen lassen. Die Soße mit dem Gemüse pürieren und durch ein Sieb geben. Anschließend mit Salz und Pfeffer abschmecken und bei Bedarf mit etwas Speisestärke binden. Das Fleisch aufschneiden und mit dem Wurzelgemüse und der Soße servieren. Dazu passen Salzkartoffeln.

Tipp:

Für das Wurzelgemüse können Sie auch alternativ – oder zusätzlich – Pastinaken, Petersilienwurzeln oder Steckrüben verwenden. Diese alten Gemüsesorten aus Omas Garten sind heute wieder auf dem Markt.

Zutaten:
(für 4 Personen)

½ Bund Basilikum
1 kg Rindfleisch (z. B. aus der Keule)
5 Scheiben durchwachsener Frühstücksspeck
2 EL Öl
300 ml Fleischbrühe
400 g Zucchini
2 EL Speisestärke
Salz, Pfeffer

Außerdem:
Küchengarn zum Binden

Schmorbraten
mit Speckfüllung

110 Minuten

Zubereitung:

1. Das Basilikum waschen, trocken schütteln und die Blättchen von den Stielen zupfen. Das Rindfleisch unter fließend kaltem Wasser waschen und mit Küchenkrepp trocken tupfen.

2. Das Fleisch der Länge nach 5-mal ca. 3 cm tief einschneiden. Mit Pfeffer würzen. Jeweils 1 Scheibe des Frühstücksspecks und 3 Basilikumblättchen in die Einschnitte legen und etwas andrücken. Fleisch mit Küchengarn zusammenbinden.

3. Das Öl in einem einem großen Topf erhitzen und das Fleisch darin rundherum anbraten. Die Fleischbrühe hinzufügen und zugedeckt bei schwacher Hitze ca. 1 ½ Stunden garen.

4. Die Zucchini waschen und der Länge nach vierteln. In fingerdicke Stücke schneiden und 10 Minuten vor Ende der Garzeit zur Soße geben.

5. Den Schmorbraten herausnehmen, das Garn entfernen und das Fleisch in Scheiben schneiden. Die Speisestärke mit etwas Wasser anrühren und die Soße damit andicken.

6. Das restliche Basilikum hacken und in die Soße geben. Eventuell nachwürzen. Den Braten mit der Soße servieren. Dazu schmecken Kartoffelplätzchen oder Bandnudeln.

Mit einem Beutel Soßenzubereitung für Geschnetzeltes (z.B. von Knorr) wird die Soße noch würziger.

Rinderrouladen

Zutaten:
(für 3 Personen)

110 Minuten

3 Rinderrouladen (à 150 g)
1–2 TL Senf
2 Gewürzgurken
50 g durchwachsener Speck
1 Zwiebel
350 ml Fleischbrühe
2 EL Speisestärke

Außerdem:
Rouladennadeln oder Küchengarn

Zubereitung:

1. Die Fleischscheiben ausbreiten und dünn mit Senf bestreichen. Die Gewürzgurken in Streifen schneiden und den Speck würfeln. Die Zwiebel abziehen und ebenfalls würfeln.

2. Alles so auf den Fleischscheiben verteilen, dass außen ein Rand frei bleibt. Die Ränder nach innen umschlagen, damit nichts herausfällt. Die Rouladen aufrollen und mit Rouladennadeln zustecken oder mit Küchengarn binden.

3. Die Fleischbrühe erhitzen und mit der in Wasser angerührten Speisestärke andicken. Die Rouladen in die Soße geben, zugedeckt bei schwacher Hitze 1–1½ Stunden garen und ab und zu wenden. Bei Bedarf etwas Wasser nachgießen. Dazu passt Kartoffelpüree.

Statt mit der Fleischbrühe und der Speisestärke können Sie die Soße auch mit 1 Beutel Soßenzubereitung für Rouladen (z.B. von Knorr) und 375 ml kochendem Wasser herstellen.

Tipp:

Die Rinderrouladen sind ein Klassiker auf dem sonntäglichen Mittagstisch! Statt Kartoffelpüree passen auch Klöße mit Rotkohl oder Bandnudeln sehr gut dazu!

Sauerbraten
mit Würz-Birne

Zutaten:
(für 4 Personen)

Für die Beize:
1 Zwiebel
100 g Karotten
100 g Petersilienwurzeln
100 ml Rotweinessig
1 Lorbeerblatt
½ TL Pfefferkörner
½ TL Wacholderbeeren

Für das Fleisch und die Soße:
1 kg Rinderbraten (z. B. aus der Schulter)
2 EL Öl
250 ml Rinderbouillon
4 EL dunkler Soßenbinder
2 EL Kochsahne (15 % Fett)
2 Birnen
1 Spritzer Zitronensaft
½ EL Gewürz (Paprika, Zimt, Thymian, Piment, Kurkuma, Ingwer und Muskat)
Salz, Pfeffer

Außerdem:
Gefrierbeutel

Zubereitung:

1. Für die Beize die Zwiebel abziehen, die Karotten und die Petersilien-wurzeln putzen und in Würfel schneiden. Den Rotweinessig mit 350 ml Wasser, den Gewürzen und dem Gemüse aufkochen. Die Beize vollständig abkühlen lassen.

2. Das Fleisch unter fließend kaltem Wasser abspülen, mit Küchenkrepp trocken tupfen und in einen Gefrierbeutel geben. Den Gefrierbeutel in eine Schüssel setzen, die Beize über das Fleisch gießen und im Beutel wenden.

3. Den Beutel verschließen und das Fleisch im Kühlschrank 2–3 Tage marinieren, dabei mehrmals im Beutel wenden.

4. Das Fleisch herausnehmen und das Gemüse vom Fleisch abstreifen. Das Fleisch mit Küchenkrepp trocken tupfen und die Beize durch ein Sieb geben. In einem Topf das Öl erhitzen und das Fleisch darin rundherum anbraten.

5. Das abgetropfte Gemüse dazugeben und mit anbraten. Die Rinderbouillon und 100 ml der Beize dazugießen. Zugedeckt bei schwacher Hitze 1 ½ Stunden schmoren. Das Fleisch zwischendurch einmal wenden.

6. Die Birnen vierteln, das Kerngehäuse herausschneiden und die Viertel noch einmal halbieren. 250 ml Wasser mit der Gewürzmischung aufkochen. Den Zitronensaft und die Birnenspalten dazugeben und bei schwacher Hitze 5 Minuten garen. Beiseite stellen und im Sud abkühlen lassen.

7. Das Fleisch aus der Bouillon herausnehmen und in Backpapier einwickeln. Die Soße mit einem Stabmixer pürieren, aufkochen und mit dem Soßenbinder binden. Mit Kochsahne verfeinern und mit Salz abschmecken. Das Fleisch aufschneiden und mit der Soße und den Würz-Birnen servieren. Dazu passen Kartoffelknödel.

Sie können auch eine fertige Gewürzmischung statt der Gewürze (z. B. Mein Würzgeheimnis Karibisch von Knorr) verwenden.

+ 2–3 Tage Marinierzeit

110 Minuten

Zutaten:
(für 4 Personen)

2 Zwiebeln
1 kg Rinderschmorbraten
(z. B. Bugstück)
2 EL Olivenöl
2 EL Tomatenmark
500 ml Fleischbrühe
2 EL Speisestärke
1 rote Paprikaschote
½ TL Kräuter der Provence
Salz, Pfeffer

Bug (Mittelbug, dicker Bug)

Schmorbraten
mit Paprika

100 Minuten

Zubereitung:

1. Die Zwiebeln abziehen und in Spalten schneiden. Den Rinderbraten unter fließend kaltem Wasser abwaschen und mit Küchenkrepp trocken tupfen. Das Fleisch salzen, pfeffern und in einem großen Topf in heißem Olivenöl rundherum kräftig anbraten und herausnehmen.

2. Die Zwiebeln in den Topf geben und kurz anbraten. Das Tomatenmark hinzufügen und unter Rühren andünsten, bis die Flüssigkeit verdampft ist.

3. Die Fleischbrühe dazugießen. Die Speisestärke mit etwas Wasser anrühren, in die Brühe rühren und aufkochen. Das Fleisch in die Soße geben und zugedeckt bei schwacher Hitze 1 ½ Stunden garen. Den Braten nach der Hälfte der Garzeit wenden.

4. Die Paprika halbieren, entkernen, waschen und in Streifen schneiden. Nach 1 Stunde Garzeit zu dem Fleisch hinzugeben. Die Soße zum Schmorbraten mit den Kräutern abschmecken. Dazu passen Bandnudeln.

Anstatt der Fleischbrühe und der Speisestärke können Sie auch eine fertige Soßenzubereitung verwenden, z.B. 1 Beutel Knorr Fix für Paprika-Rahm Schnitzel.

Zutaten:
(für 6 Personen)

Für den Kalbsbraten:
½ Bund Rosmarin
1,7 kg Kalbsnuss
2 EL Butterschmalz
Salz, Pfeffer

Für die Schalotten-Rotweinsoße:
750 g Schalotten
1 EL Butterschmalz
100 g Tomatenmark
600 ml trockener Rotwein
400 ml Kalbsfond (aus dem Glas)

Für den Wirsing:
1 Kopf Wirsing
2 EL Butterschmalz
500 g Bauchspeck
Muskat
Salz, Pfeffer

Kalbsbraten
mit Schalotten-Rotweinsoße und Wirsing

140 Minuten

Zubereitung:

1. Den Backofen auf 150 °C Ober- und Unterhitze vorheizen. Den Rosmarin waschen, trocken schütteln und fein hacken. Das Fleisch mit kaltem Wasser abwaschen, trocken tupfen und mit Salz und Pfeffer würzen.

2. Das Butterschmalz in einem Bräter erhitzen und das Fleisch von allen Seiten darin kräftig anbraten. Den gehackten Rosmarin darüber streuen. Das Fleisch im Bräter abdecken und 1 ½–2 Stunden im vorgeheizten Backofen garen.

3. Die Schalotten abziehen, halbieren und der Länge nach in feine Streifen schneiden. Das Butterschmalz in einem Topf erhitzen und die Schalottenstreifen ca. 5 Minuten glasig dünsten. Das Tomatenmark hinzugeben und mit andünsten. Anschließend mit dem Rotwein ablöschen und auf die Hälfte einköcheln lassen. Die Soße mit dem Kalbsfond auffüllen, etwas einkochen lassen und mit Salz und Pfeffer abschmecken.

4. Den Wirsing vierteln und den Strunk entfernen. Die geviertelten Stücke in Streifen schneiden und unter fließendem Wasser abwaschen. Den Speck in Streifen schneiden und in einer großen Pfanne bei mittlerer Hitze auslassen. Den Wirsing hinzugeben und mitdünsten. Regelmäßig umrühren, damit der Wirsing gleichmäßig gar wird. Mit Salz, Pfeffer und Muskatnuss abschmecken.

5. Den Braten nach Garende noch etwa 10 Minuten ruhen lassen, dann aufschneiden und mit der Soße und dem Wirsing anrichten. Dazu passen Salzkartoffeln.

Kalbsbraten
„Falsches Filet“

+ 1 Tag Beizzeit

110 Minuten

Zutaten:
(für 4 Personen)

750 g Falsches Filet vom Kalb
500 g Buttermilch
2 EL Butterschmalz
2 Zwiebeln
200 g Karotten
2 TL Tomatenmark
750 ml Fleischbrühe
Salz, Pfeffer

Zubereitung:

1. Am Vortag das Falsche Filet mit kaltem Wasser abspülen, trocken tupfen und von Sehnen befreien. In die Buttermilch einlegen.

2. Am nächsten Tag mit klarem Wasser abspülen, trocken tupfen und mit Salz und Pfeffer einreiben. Das Butterschmalz in einem Bräter erhitzen und das Filet von allen Seiten darin scharf anbraten. Den Backofen auf 100 °C Ober- und Unterhitze vorheizen.

3. Die Zwiebeln abziehen und die Karotten putzen und schälen. Beides in grobe Stücke schneiden. Das Fleisch herausnehmen und das Gemüse im Bräter anrösten. Dann das Tomatenmark dazugeben und mitrösten.

4. Mit 300 ml Fleischbrühe ablöschen und etwas einkochen lassen. Das Fleisch hineinlegen und die restliche Brühe dazugießen. Im vorgeheizten Backofen ca. 1,5 Stunden garen.

5. Den fertigen Braten in Scheiben schneiden und servieren. Dazu passen Kartoffelklöße und Blattsalat.

Tipp:

Mit einem Bratenthermometer lässt sich der Garzustand genau bestimmen: Das Fleisch ist bei 60 °C fertig. Lassen Sie es vor dem Anschneiden noch 10 Minuten ruhen.

Kalbshaxe
mit Biersoße

130 Minuten

Zubereitung:

1. Das Suppengrün putzen, waschen und klein schneiden. Die Zwiebel abziehen, klein schneiden und zusammen mit dem Suppengrün in 1 Esslöffel erhitztem Butterschmalz anbraten. Mit ein wenig von der Fleischbrühe ablöschen und bei kleinster Hitze zugedeckt ca. 10 Minuten dünsten.

2. Den Backofen auf 160 °C Ober- und Unterhitze vorheizen. Die Kalbshaxe mit Salz und Pfeffer einreiben, leicht mit Mehl bestäuben und in einem gusseisernen Bräter in dem restlichen Butterschmalz von allen Seiten anbraten.

3. Den Knoblauch abziehen und klein hacken. Die Haxe aus dem Bräter nehmen. Das gedünstete Gemüse hineingeben und den Thymian, die Lorbeerblätter, den Knoblauch und das Tomatenmark hinzufügen. Mit dem Bier und der restlichen Fleischbrühe auffüllen. Die Haxe wieder in den Bräter legen und alles im vorgeheizten Ofen mit geschlossenem Deckel ca. 1–1 ½ Stunden garen.

4. Die Haxe aus dem Ofen nehmen und warm stellen. Den Fond durch ein Sieb streichen und nach Wunsch mit etwas Speisestärke binden. Mit Salz und Pfeffer abschmecken. Dazu passt Kartoffelpüree.

Tipp:

Einen besonders kräftigen Geschmack erhält die Soße, wenn Sie am Ende der Garzeit das Mark aus dem Knochen schaben, pürieren und untermischen.

Zutaten:
(für 4 Personen)

1 Bund Suppengrün
1 Zwiebel
2 EL Butterschmalz
400 ml Fleischbrühe
1,5 kg Kalbshaxe
3 EL Mehl
1 Knoblauchzehe
1 Zweig Thymian
2 Lorbeerblätter
1 kleine Dose Tomatenmark
½ Flasche dunkles Bier
Salz, Pfeffer

Tipp:

Aus dem ausgetretenen Fett können Sie ein köstliches Gänseschmalz als Brotaufstrich herstellen: Einfach ein paar Zwiebelstückchen rösten, unter das Fett rühren und alles erkalten lassen.

Gefüllte Gans

250 Minuten

Zutaten:

(für 4 Personen)

1 Gans
4 altbackene Brötchen
250 ml Milch
3 Äpfel
1 Bund Petersilie
50 g Rosinen
2 Eier
2 EL Bratfett
100 g flüssiger Honig
Muskat
Salz, Pfeffer

Außerdem:
Zahnstocher

Zubereitung:

1. Den Backofen auf 160 °C (Umluft 140 °C) vorheizen.

2. Die Gans waschen, eventuell die Innereien entfernen und innen und außen mit Salz und Pfeffer würzen.

3. Die Brötchen in Würfel schneiden, die Milch erhitzen und über die Brötchenwürfel gießen. Die Äpfel unter heißem Wasser abwaschen, vierteln, entkernen und in Stücke schneiden. Die Petersilie abbrausen, trocken schütteln und klein hacken.

4. Aus den eingeweichten Brötchen, den Apfelstücken, den Rosinen, den Eiern und der Petersilie eine Masse herstellen und mit Muskat, Salz und Pfeffer abschmecken.

5. Die Gans mit der Masse befüllen und mit Zahnstochern verschließen. Das Bratfett in einem großen Bräter schmelzen, die Gans hineinsetzen und im vorgeheizten Backofen je nach Größe ca. 3–4 Stunden garen. Die Gans während der Garzeit mit Honig einpinseln und immer wieder mit dem austretenden Fett übergießen.

6. Die Gans zerteilen, die Füllung vorsichtig herausnehmen und das Fleisch in Scheiben schneiden.

Ente auf Wildart

+ 1–2 Tage Beizzeit

130 Minuten

Zubereitung:

1. Die Ente waschen, eventuell die noch vorhandenen Innereien entfernen.

2. Das Wurzelgemüse putzen, gegebenenfalls schälen und grob zerkleinern. Die Gewürze mit einem breiten Messer zerdrücken.

3. 500 ml Wasser mit den Gewürzen aufkochen, etwas abkühlen lassen und den Essig unterrühren. Die Ente in eine Schüssel mit verschließbarem Deckel legen, das Wurzelgemüse dazugeben und mit der Beize übergießen. Die Ente sollte je nach Alter 1–2 Tage in der Beize liegen und dabei mehrmals gewendet werden.

4. Den Backofen auf 160 °C (Umluft 140 °C) vorheizen. Die Ente aus der Beize nehmen, trocken tupfen und mit Salz und Pfeffer würzen.

5. Das Bratfett in einem Bräter verteilen und die Ente hineingeben. Mit einem Schaumlöffel das Wurzelgemüse aus der Beize nehmen und zu der Ente geben. Die Hälfte der Beize dazugießen und die Ente im vorgeheizten Backofen 2 Stunden garen. Die Ente mit der restlichen Beize immer wieder übergießen.

Tipp:

Wenn die Ente schön knusprig sein soll, erhöhen Sie in den letzten 10 Minuten die Temperatur auf 200 °C. Zu der Ente schmeckt Rotkohl mit Äpfeln oder Rotkohlsalat.

Zutaten:
(für 4 Personen)

1 Ente
40 g Bratfett
Salz, Pfeffer

Für die Beize:
200 g Wurzelgemüse
(Karotten, Sellerie, Lauch)
5 Wacholderbeeren
5 Pfefferkörner
5 Pimentkörner
2 Nelken
1 Lorbeerblatt
250 ml Weinessig

Putenrollbraten
mit Apfelfüllung

110 Minuten

Zubereitung:

1. Die Äpfel schälen, entkernen und in Würfel schneiden. Die Zwiebeln abziehen und fein hacken. Die Äpfel zusammen mit der Crème fraîche mit dem Rosmarin, dem Thymian, Salz und Pfeffer würzen.

2. Den Backofen auf 200 °C Ober- und Unterhitze vorheizen.

3. Die Putenbrust waschen, mit Küchenkrepp trocken tupfen, entrollen und mit Salz und Pfeffer würzen. Mit dem Frühstücksspeck belegen und die Apfel-Crème-fraîche-Mischung darauf verteilen.

4. Das Fleisch mit der Füllung aufrollen mit dem Küchengarn gut umwickeln und zubinden. Das Öl in einem Bräter erhitzen und das Fleisch darin rundherum scharf anbraten.

5. Den Apfelsaft und die Geflügelbrühe dazugießen und im vorgeheizten Backofen 15 Minuten garen. Anschließend die Temperatur auf 160 °C reduzieren und etwa 60 Minuten weitergaren. Den Braten dabei öfters mit dem Fond übergießen.

6. Den Braten aus dem Fond nehmen und warm halten. Für die Soße den Fond aufkochen lassen, abschmecken und gegebenenfalls mit etwas Soßenbinder andicken.

7. Dazu passen Bandnudeln oder Salzkartoffeln.

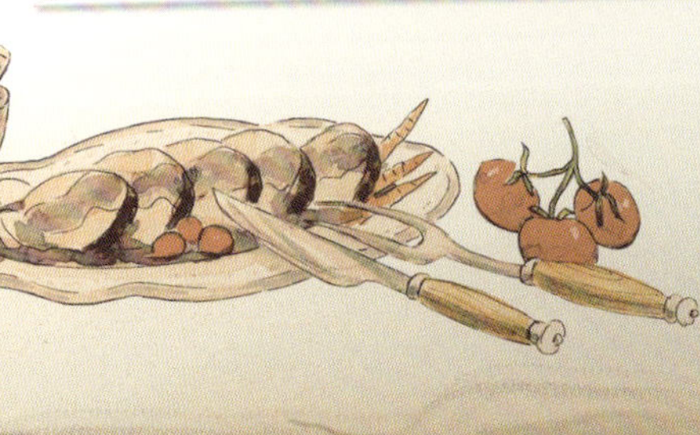

Zutaten:
(für 4 Personen)

3 Äpfel
2 Zwiebeln
200 g Crème fraîche
½ TL Rosmarin
½ TL Thymian

1,5 kg Putenbrust (beim Metzger als Rollbraten bestellen)
200 g Frühstücksspeck in Scheiben
2 EL Öl
200 ml Apfelsaft
350 ml Geflügelbrühe

evtl. Soßenbinder
Salz, Pfeffer

Außerdem:
Küchengarn zum Binden

Tipp:

Für die gebratenen Äpfel können Sie entweder mehlige, leicht zerfallende Sorten, wie Boskop oder Gravensteiner, verwenden oder – wenn Sie etwas mehr Biss bevorzugen – auch feste, würzige Sorten, wie Cox Orange oder Elstar.

Bier-Hahn
mit Äpfeln und Johannisbeergelee

50 Minuten

Zutaten:
(für 4 Personen)

2 Hähnchen
2 EL Öl
500 ml Exportbier
4 Äpfel
4 EL Johannisbeergelee
Paprikapulver, edelsüß
Salz, Pfeffer

Zubereitung:

1. Die Hähnchen salzen und pfeffern und mit etwas Paprikapulver einreiben.

2. Die Hähnchen mit dem Öl in einen Bräter geben und ca. 30 Minuten braten, dabei immer wieder mit etwas Bier übergießen.

3. Die Äpfel waschen, entkernen und in Spalten schneiden. Die Hähnchen herausnehmen, halbieren und warm stellen.

4. Die Äpfel in den Bratenfond geben, kurz anbraten, das restliche Bier darüber gießen und das Johannisbeergelee unterrühren. Die Soße mit Salz und Pfeffer abschmecken.

5. Die Hähnchenhälften zusammen mit der Soße servieren.

Lammbraten
mit Gurkengemüse

+24 Stunden Beizzeit

80 Minuten

Zubereitung:

1. Das Lammfleisch in eine Schüssel legen, mit der Buttermilch übergießen und ca. 24 Stunden beizen.

2. Die Karotte schälen, die Zwiebel und die Knoblauchzehen abziehen und alles grob zerteilen. Den Lauch halbieren, waschen und in 3 cm dicke Stücke schneiden.

3. Den Backofen auf 180 °C (Umluft 160 °C) vorheizen. Das Lammfleisch aus der Buttermilch nehmen, abspülen, mit Küchenkrepp trocken tupfen und mit Salz und Pfeffer würzen.

4. Das Bratfett in einem Topf erhitzen und das Lammfleisch von allen Seiten darin anbraten. Das Gemüse um das Fleisch herum verteilen, den Rosmarin dazugeben und mit der Fleischbrühe aufgießen. Im vorgeheizten Backofen ca. 60 Minuten garen, ab und zu mit der Brühe begießen.

5. Die Gurken schälen, halbieren, entkernen und in Scheiben schneiden. Die Zwiebel abziehen und fein hacken, den Schnittlauch abbrausen und in Röllchen schneiden.

6. Die Butter in einem Topf schmelzen, die Zwiebel darin anbraten und die Gurkenstücke dazugeben, ca. 2 Minuten schmoren und mit der sauren Sahne aufgießen.

7. Das Gurkengemüse mit Zucker, Salz und Pfeffer abschmecken. Den Schnittlauch unterziehen und das Gemüse zu dem aufgeschnittenen Lammbraten servieren.

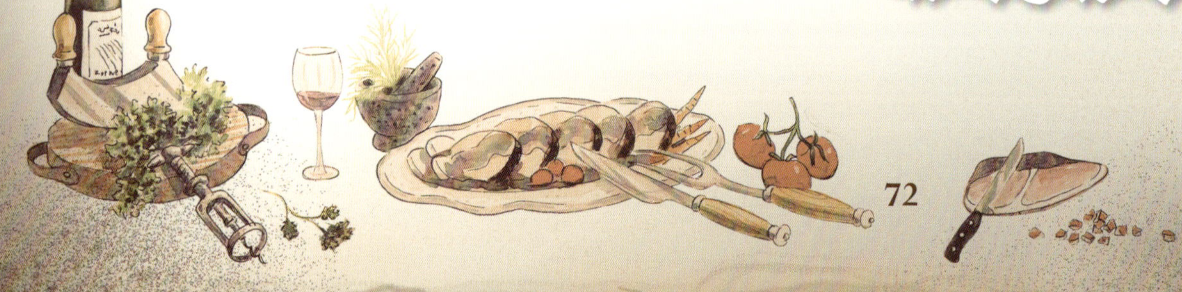

Zutaten:
(für 4 Personen)

1 kg Lammfleisch
1 l Buttermilch
1 Karotte
1 Zwiebel
2 Knoblauchzehen
½ Stange Lauch
2 EL Bratfett
2 Zweige Rosmarin
500 ml Fleischbrühe
Salz, Pfeffer

Für das Gemüse:
2 Salatgurken
1 Zwiebel
1 Bund Schnittlauch
1 EL Butter
1 Becher saure Sahne
Zucker
Salz, Pfeffer

+ 1–2 Tage Marinierzeit

140 Minuten

Hirschbraten
mit Lebkuchensoße

Zutaten:
(für 6 Personen)

Für die Marinade:
2 Zwiebeln
2 Karotten
¼ Sellerieknolle
1 Petersilienwurzel
3 Lorbeerblätter
Nelken
8–10 Wacholderbeeren
1 EL Zuckerrübensirup
500 ml Rotwein
250 ml Essig
Salz, Pfeffer

Für den Braten:
2 kg Hirschbraten (aus der Keule)
2–3 EL Butterschmalz
1 große Zwiebel
2 Lorbeerblätter
1 Zimtstange
1 EL Koriander
5–6 Nelken
5–6 Wacholderbeeren
500 ml Marinade
100 g Lebkuchen
Salz, Pfeffer

Für die Spätzle:
600 g Mehl
6 Eier
Salz

Für den Rosenkohl:
600 g Rosenkohl
750 ml Gemüsebrühe
100 g roh geräucherter Bauchspeck
Muskat
Pfeffer

Zubereitung:

1. Für die Marinade das Gemüse putzen und waschen. Die Zwiebeln abziehen und vierteln, die Karotten, den Sellerie und die Petersilienwurzel klein schneiden und zusammen mit den Gewürzen, dem Zuckerrübensirup, dem Rotwein und dem Essig aufkochen und abkühlen lassen.

2. Den Hirschbraten kalt abwaschen, mit Küchenpapier trocken tupfen und in die Marinade einlegen, sodass das Fleisch bedeckt ist. Kalt stellen und 1–2 Tage ziehen lassen.

3. Das Fleisch aus der Marinade nehmen, abtropfen lassen und mit Küchenpapier trocken tupfen. Die Marinade beiseitestellen. Den Hirschbraten in einem großen Bräter in heißem Butterschmalz rundherum anbraten. Die Zwiebel abziehen und fein hacken, mit den Gewürzen dazugeben und mitbraten.

4. Den Backofen auf 200 °C (Umluft 180 °C) vorheizen. Das Fleisch salzen und pfeffern, mit ¼ Liter Wasser und ½ Liter Marinade aufgießen und den grob zerkleinerten Lebkuchen dazugeben. Anschließend den Braten ca. 2 Stunden schmoren, dabei mehrmals wenden, eventuell Wasser und Marinade nachgießen.

5. Inzwischen aus dem Mehl, den Eiern, etwas Wasser und 1 Teelöffel Salz einen Spätzleteig anrühren und etwas ruhen lassen. 45 Minuten vor Garende des Fleisches in einem großen Topf 2–3 Liter Salzwasser für die Spätzle erhitzen.

6. Den Rosenkohl putzen, waschen und in der Gemüsebrühe bissfest garen, abgießen und abtropfen lassen. Den Bauchspeck fein schneiden und in einem Topf anbraten, den Rosenkohl zugeben, mit etwas Pfeffer und Muskat würzen und warm stellen.

7. Den Spätzleteig portionsweise durch eine Presse in das kochende Salzwasser drücken oder mit einem Spätzlehobel ins kochende Wasser hobeln. Mit einem Schaumlöffel die oben schwimmenden Spätzle herausnehmen, abtropfen lassen und warm stellen.

8. Den Braten aus dem Bräter nehmen, in Alufolie wickeln und ruhen lassen. Die Soße durch ein Sieb passieren und eventuell nachwürzen. Das Fleisch in Scheiben schneiden und mit den Spätzle, dem Rosenkohl und der Soße servieren.

Wildschweinbraten
mit Wirsinggemüse

110 Minuten

Zubereitung:

1. Das Fleisch unter fließend kaltem Wasser abwaschen, mit Küchenkrepp trocken tupfen und mit Salz und Pfeffer würzen. 3 Esslöffel Olivenöl in einem Bräter erhitzen und das Fleisch rundherum anbraten. 3 Knoblauchzehen abziehen und dazupressen. Die Thymianblättchen vom Stängel abzupfen und kurz mitbraten.

2. Den Rotwein, 600 ml Wasser, die pürierten Tomaten und die Provencekräuter hinzufügen und zugedeckt bei mittlerer Hitze ca. 1½ Stunden garen. Das Fleisch gelegentlich wenden.

3. Inzwischen den Wirsing in feine Streifen schneiden. Die Zwiebel abziehen und fein würfeln. Das restliche Olivenöl in einem großen Topf erhitzen, die Zwiebel und den Wirsing hinzufügen und leicht andünsten. Den restlichen Knoblauch abziehen, dazupressen und kurz mitdünsten.

4. Die Fleischbrühe hinzufügen und zugedeckt bei schwacher Hitze ca. 30 Minuten garen. Den Deckel entfernen, die Flüssigkeit einkochen lassen und den Wirsing mit dem Essig, dem Honig, Salz und Pfeffer abschmecken.

5. Das Fleisch aus der Soße nehmen und in Scheiben schneiden. Die Soße mit Salz und Pfeffer abschmecken und mit dem Soßenbinder binden. Alles auf einer Platte anrichten und mit dem Wirsinggemüse servieren. Dazu passen Pellkartoffeln.

Statt der pürierten Tomaten und der Provencekräuter können Sie auch ein Glas Pasta-Soße gegrilltes Gemüse (z.B. von Bertolli) verwenden.

Zutaten:
(für 6 Personen)

1 kg Wildschweinbraten (aus der Keule)
9 EL Olivenöl
5 Knoblauchzehen
½ Bund frischer Thymian
400 ml trockener Rotwein
½ Packung pürierte Tomaten
1 TL Kräuter der Provence, getrocknet
3 EL dunkler Soßenbinder
Salz, Pfeffer

Für das Wirsinggemüse:
1 Wirsingkohl
1 Zwiebel
250 ml Fleischbrühe
4–6 EL Weißwein-Essig
2 EL Honig

Rehkeule mit Pfifferlingfüllung

Zutaten:
(für 6 Personen)

1,5 kg ausgelöste Rehkeule
1 Bund Suppengrün
Butterschmalz
300 ml Wildfond
100 ml Rotwein
1 EL Speisestärke
Zucker
Salz, Pfeffer

Für die Füllung:
1 altbackenes Brötchen
250 ml Milch
80 g Pfifferlinge (aus der Dose oder frisch)
2 Frühlingszwiebeln
50 g durchwachsener Speck
1 EL Butterschmalz

100 g Rehfleisch
1 Bund Petersilie
1 Ei
Muskatnuss
Salz, Pfeffer

Außerdem:
Küchengarn zum Binden

Zubereitung:

1. Für die Füllung das Brötchen ca. 1 Stunde in Milch einweichen. Die Pfifferlinge aus der Dose auf ein Sieb geben und abtropfen lassen oder frische Pfifferlinge mit einem Pilz- oder Kuchenpinsel säubern. Nicht waschen, da sie sich schnell mit Wasser vollsaugen und an Geschmack verlieren! Anschließend in kleine Würfel schneiden.

2. Die Frühlingszwiebeln putzen und in feine Ringe schneiden. Den Speck sehr fein würfeln.

3. Das Butterschmalz in eine Pfanne geben, erhitzen und die Speckwürfel darin auslassen. Anschließend die Pfifferlinge darin anbraten, die Frühlingszwiebeln hinzufügen und bissfest dünsten. Die Petersilie waschen, trocken schütteln und fein hacken.

4. Das Rehfleisch durch den Fleischwolf drehen. Anschließend das ausgedrückte Brötchen ebenfalls durch den Fleischwolf drehen.

5. Das Ei, die Pilz-Speckwürfelmischung und die Petersilie dazugeben und alles gut miteinander vermengen. Mit Salz, Pfeffer und Muskatnuss abschmecken. Den Backofen auf 180 °C (Umluft 160 °C) vorheizen.

6. Die Rehkeule salzen und ein wenig pfeffern. Füllung in die Rehkeule geben und die Keule zunähen, damit beim Braten nichts herausquillt. Den Braten mit Küchengarn binden. Das Suppengrün putzen, waschen und in kleine Würfel schneiden.

7. Das Butterschmalz in einem großen Bräter erhitzen und die Rehkeule darin von allen Seiten kräftig anbraten.

8. Das Suppengrün hinzufügen, kurz mitbraten und dann mit 100 ml Wildfond begießen. Den geschlossenen Bräter ca. 1 ½ Stunden in den Backofen stellen. Dabei immer wieder mit Bratflüssigkeit begießen. Den Braten herausheben und zum Warmhalten in Alufolie wickeln. Die Bratflüssigkeit durch ein Sieb in einen Topf passieren und mit dem restlichen Wildfond und dem Rotwein aufkochen lassen.

9. Die Stärke mit kaltem Wasser anrühren und die Soße damit binden. Mit Salz und Pfeffer und ganz wenig Zucker abschmecken. Das Fleisch aufschneiden und mit der Soße servieren. Dazu passen Serviettenknödel.

150 Minuten